Weihnachten 2003

Mein lieber Engel

Mit diesem Buch möchte ich Dir alles Liebe, Gute
und `FROHE WEIHNACHTEN` wünschen.

Ich bin mir sicher, daß es wirklich gegen
Liebeskummer hilft,
aber bestimmt auch, wenn man sich mal
einfach nicht so wirklich fühlt —
ist es sicher ein gutes "In - die - Ecke - kuschel,
Kerze - an - und - Janosch - lesen" - BUCH!
Damit's ein besser geht & die `Lust am Leben` wiederkommt.

All my love   -♡-

Bei
Liebeskummer
Apfelmus

Bassermann

Einmal, als der kleine Bär mit seiner Angel
nach Hause kam,
saß der kleine Tiger hinter dem Korb auf
der Erde und weinte hundserbärmlich wie eine
Regenwolke.
»Was hast du, mein alter Junge?«, rief der
kleine Bär. »Bist du verwundet? Oder schmerzt
es dich an Leib und Seele oder wo?«

»An Leib und Seele«, heulte der kleine Tiger,
»denn ich habe lauter Liebeskummer.«
»O je«, rief der kleine Bär. »Das kenne ich,
schmerzt hart wie Eisen. Da muss ich dir sofort
etwas kochen. Apfelmus.«

Und gleich holte er aus der Kammer
neun Äpfel, denn neun ist eine gute Zahl gegen
Liebeskummer.

Teilte die Äpfel, schnitt das Gehäuse heraus
und tat sie mit der Schale in den Topf, denn die
Schale ist gesund. Gab nicht zu viel Wasser
darüber, aber einen Löffel Zucker und eine dicke
Scheibe Zitrone, denn Zitrone ist auch gesund.
Und dann noch eine kleine Zimtstange und eine
Gewürznelke dazu. Durchpassieren. Apfelmus.

Als der kleine Tiger seine Portion und auch
noch eine halbe vom kleinen Bären weggeputzt
hatte, lachte er wieder, und die Sonne schien
durch die Gardine.
Liebeskummer vorbei.
»Warum hattest du denn Liebeskummer?«, fragte
der kleine Bär.
»Weil … Maja Papaya«, sagte der kleine Tiger,
»weil … und zwar hat sie den Maulwurf geküsst.

Wann kochst du mir einmal eine Überraschung,
sag?« »Übermorgen«, sagte der kleine Bär,
»möglicherweise.«
Also schwang sich der kleine Tiger auf sein Tiger-
Bikel und fuhr wieder hinaus in die freie Welt.

Eine Runde um den kleinen Wald und eine
Runde um den kleinen Schweineteich.
Dort aber war Luzilein Bademützel und schwamm
mit ihrem Gummifisch um die Wette.
»Keine Kunst«, lachte der kleine Tiger. »Der
Fisch ist ja aus Gummi und hat auch keinen

Motor. Aber gegen mich! Wollt ihr einmal gegen
mich wettschwimmen? Zwei gegen einen?«
Er ließ Luzilein Bademützel haushoch gewinnen.
Weil er jetzt *sie* liebte. Dafür liebte sie ihn
wieder zurück – alles braucht wohl seinen Lohn.

Alsdann fuhr der kleine Tiger weiter. Als er
zum Köhler Jeromir kam, hatte er Muskelkater
wie eine alte Ziehharmonika.
Der Köhler Jeromir war ein armer Mann, denn
Köhler besitzen wenig. Sie wohnen in einer
Hütte aus Steinen, schichten Holzscheite auf
einen Haufen, zünden das Holz an und bedecken
es mit Erde. So kann es nicht ganz verbrennen,
es glimmt nur und wird zu Holzkohle.
Diese verkaufen die armen Köhler an reiche
Leute für wenig Geld. Reiche Leute brauchen auf
ihren Gartenpartys viel Holzkohle zum Grillen.
Heutzutage gibt es nur noch sehr wenige
Köhler, denn alle Leute wollen sehr
viel Geld verdienen, aber nicht viel arbeiten.

»Oh, der Tiger mit dem Tiger-Bikel!«, rief der
Köhler Jeromir. »Hast du Hunger, altes Haus,
dann komm herein und iss mit mir!«
Nun war der Jeromir aber so arm, dass er nur zu
essen hatte, was auf seinem kleinen Acker
wuchs. Kartoffeln. Jeden Tag gab's Kartoffeln,
und zwar mit der Schale.

Kartoffeln seien die Götterspeise der Köhler, sagte der Köhler Jeromir, weil sie die Kraft direkt aus der Erde holten.

»Sind gut gegen Riesenhunger. Hast du Riesenhunger, mein Freund?«

»Riesiger als der Riese Wirrwarr hoch ist«, rief der kleine Tiger mit seinem leeren Magen.

Die Kartoffeln werden mit der Schale und etwas Salz 15 bis 20 Minuten in Wasser gekocht. Mit einer Gabel prüfen, ob sie weich sind. Arme Köhler essen sie mit Salz, für kleine Tiger und ähnliche wichtige Personen gibt es noch ein kleines Stück Butter auf jede Kartoffel.

Denn ein Tiger zu Besuch braucht gute Atzung, und arme Leute teilen ihr Essen gern mit einem Gast. Butter dazu gab es beim Köhler nur an Sonntagen. Und immer frisches Wasser aus dem Krug.

»Aber Buttermilch!«, sagte der Köhler Jeromir,
»hätten wir Buttermilch oder einen Hering oder
etwas Quark – das wäre ein Essen wie für zwei
Barone!«

Hatten sie aber nicht.

Macht nix.

Sieben Pellkartoffeln aß der kleine Tiger.

Sieben ist eine gute Zahl gegen Riesenhunger.

»Das werde ich für meinen Freund Bär kochen,
denn er hat immer so einen riesigen Hunger.«

Kartoffeln und Salz und Butter hatten sie
sowieso zu Haus. Buttermilch und Hering konnte
er sich von Frau Pribam leihen.

Als er mit seinem Tiger-Bikel nach Hause kam,
lag der kleine Bär längst im Bett.
»Morgen«, sagte der kleine Tiger, »morgen
koche einmal *ich*, mein Lieber. *Ich* kann nämlich
auch kochen!«
Als er am nächsten Morgen aufwachte, hatte
der kleine Bär das Frühstück schon bereitet.
Er stand jeden Tag auf, sobald die Sonne auf-
ging, denn er musste die Mohrrüben im Garten
begießen. Es gab:

**Jogurt mit fünf zerdrückten Erdbeeren und
sieben Rosinen drin. Angerührt mit sieben frisch
geraspelten Mandeln, denn sieben ist auch für
Mandelkerne eine gute Zahl. Danach Vollkornbrot
mit Erdnussbutter und Honig.
Und Milchmix, gequirlt mit Banane und Ahornsirup.**

»Jetzt«, sagte der kleine Bär, »gehe ich an
den Fluss und öle das Boot und komme erst am
Abend wieder. Damit du Bescheid weißt.«
Kaum war der kleine Bär aus dem Haus, ging der
kleine Tiger zum großen dicken Waldbär,
denn der große dicke Waldbär hatte immer eine
gute Speise auf dem Ofen.

»Oh, da kommt ja der kleine Tiger«, rief der
große dicke Waldbär.
»Da kannst du ein wenig mit mir essen.
Zuerst gibt es eine formidable Vorspeise, denn
eine formidable Vorspeise erweckt die

Seelenlust und bringt Freude ins Leben. Dann
eine formidable Hauptspeise, denn die gibt
Kraft. Und dazu eine formidable Nebenspeise,
denn diese beglückt das Gemüt des Essers.«

Als Vorspeise holte er aus dem Garten einen grünen

Salat. Wusch die guten Blätter und legte sie in eine Schüssel. Auf die Blätter träufelte er Orangensaft und dann ein paar Tropfen Olivenöl.
Dann schnitt er eine Orange sehr klein und legte die kleinen Stücke auf den Salat. Und zum Schluss streute er ein wenig Zucker über alles.

»Schmeckt tierisch gut«, rief der kleine Tiger. »Musst du mir aufschreiben. Gebe ich dem Bären, er kann nämlich lesen. Hänge ich mit einem Nagel in der Stube an die Wand. Dann hat der kleine Bär jeden Tag etwas Gutes zu lesen.«
»Aber die Reihenfolge einhalten«, sagte der große dicke Waldbär. »Sehr wichtig. Denn gießt der Bär *zuerst* das Öl auf die Blätter, rutscht der Saft ab. Gießt er das Öl *auf* die Orangen, schmecken diese nicht. Kommt der Zucker zu früh und vor dem Saft auf den Salat, löst er sich auf und knirscht nicht auf den Zähnen. Alles verstanden?«
»Nein«, sagte der kleine Tiger. »Hauptsache, der Bär versteht es, er trägt die Verantwortung.«

Alsdann bereitete der große dicke Waldbär
die Nebenspeise, eine
arme Knoblauch-Bärensuppe:

Er gab drei Zehen Knoblauch mit einem Bouillonwür-
fel und ein wenig Fett (Butter oder Schweineschmalz)
in eine Schüssel. Darüber goss er kochendes Wasser
und legte kleine Stücke geröstetes Brot hinein.

Hauptspeise: Bratkartoffeln

Gekochte Kartoffeln in Würfel schneiden und in
der Pfanne mit sehr wenig Fett, ein paar Kümmeln,
ein paar gestoßenen Pfefferkörnern und ein
wenig Salz nicht zu braun braten. Vielleicht zuletzt
etwas Petersilie darüber.

Die arme Bärensuppe zusammen mit den
Bratkartoffeln essen.
»Wow!«, rief der alte Waldbär, »solltest du mal
probieren.« Der kleine Tiger sagte, Knoblauch
äße er nicht, denn wenn er nach Knoblauch stin-
ke, würden ihn die Mädels nicht mehr küssen.
Doch als er einen Löffel probierte, rief er:
»Hallelujah! Welch ein Wohlgeschmack!«
Und seither essen auch die Tiger Knoblauch.

Auf dem Heimweg ging er zu Mutter Pribam und lieh sich einen Liter Buttermilch und drei Salzheringe. Als er Maja Papaya sah, entflammte sein Herz wieder in Liebe, und er nahm sie mit nach Haus. Als Gast.
»Heute koche nämlich *ich*«, sagte er.

Als der kleine Bär abends vom Boot ölen nach Hause kam, war das Mahl bereitet:

Pellkartoffeln mit Salzhering, Buttermilch und Petersilienquark.

»Mein lieber Tiger«, rief da der kleine Bär, »du bist ein sehr großer Kochkünstler, denn dieses ist wahrlich eine Speise wie für einen polnischen Baron.«
Nach dem Essen saßen sie auf dem Sofa und plauschten ein wenig, und Maja Papaya erzählte: »Vorgestern hatte doch der glückliche Maulwurf Geburtstag. Er wünschte sich einen neuen Pullover mit Reißverschluss. Ich aber habe ihm einen Mückenkuss geschenkt. Da hatte er echt mehr davon, nicht wahr? Denn ein Mückenkuss ist für die Seele, kostet nicht halb so viel wie ein neuer Pullover und geht auch nicht so schnell kaputt. Oder?«
»Siehste, Tiger«, brummte der kleine Bär, »siehste! der Liebeskummer war unnötig.«
Dann gingen sie zu Bett. Ehe sie einschliefen, sagte der kleine Tiger: »Morgen bist *du* an der Reihe mit Kochen, Bär« – drehte sich um und schnarchte sich weit weg in den Himmel.

Am nächsten Morgen machte Maja Papaya das Frühstück.

Man tut so viele Weizenkörner, wie man braucht, auf einen Teller mit etwas Wasser und lässt sie über Nacht aufquellen. Falls sie nicht weich genug werden, lässt man sie am nächsten Morgen kurz aufkochen, probiert, ob sie weich genug zum Essen sind, und kann sie dann mit ein paar Haferflocken, Honig, Milch oder Jogurt, ein paar Nüssen oder Mandeln verrühren. Ein paar Apfel- oder Bananenstückchen bessern dieses Müsli auch noch auf.

»Kraftfutter für Förster und Wilddiebe«, sagte Maja Papaya und ging nach dem Frühstück in die Schule. Der kleine Bär aber nahm seine Angel und ging zum Fluss, und der kleine Tiger fuhr mit dem Tiger-Bikel nach Stonsdorf, denn dort wohnten seine Freunde der Hase und der Igel.
Wir kennen die Geschichte. Einmal hatte der Igel gegen den Hasen einen Wettlauf in einer Ackerfurche hin und her gewonnen. Der Igel hatte den Hasen hereingelegt. Jetzt hatte sich der Hase ein Tandem gekauft, um den Igel hereinzulegen. Jeden Tag sagte er: »Komm, wir fahren auf dem Tandem um die Wette. Wer die Nase am weites-

ten vorn hat, hat gewonnen. Du sitzt hinten.«
Wohl dachte der Hase jeden Tag, *er* hätte
gewonnen, denn er hatte die Nase immer am
weitesten vorn. Der Igel aber hob hinten die
Beine hoch und ließ den Hasen allein treten.

Fuhr sozusagen jeden Tag umsonst mit dem Taxi spazieren.

so ist das im Leben. Schlau muss man sein.
»Was gibt's denn bei euch heute zu essen, Jungs?«, fragte der kleine Tiger.
»Milchreis«, sagte der Hase. »Milchreis ist unsere Leibspeise. Gibt es jeden Tag, weil jeden Tag Leibspeise essen is doch die totale Sause, oder nich? Uns hängt er aber schon voll aus den Ohren, wir können ihn nicht mehr sehen.«
Dann solltet ihr in den Milchreis ein paar Apfelstückchen hineinschneiden – und zwar roh! Also:

Erst den Reis sehr kurz in sehr wenig Wasser kochen, er darf nicht ganz weich gekocht werden. Milch, Zucker und eventuell ein paar klein geschnittene Mandeln hinzufügen und sehr kurz aufkochen, so dass der Reis noch körnig ist. Kocht man ihn zu lange, wird er matschig. Kocht man ihn nur in Milch, wird er zu dick. Wenn er fertig ist, ein wenig Butter hinzufügen und rohe Apfelstücke hineinschneiden. Und auf jede Portion ein wenig Zimt streuen.

»Kenne ich«, rief der Igel. »Zimt ist gut für die Seele.« »Und eine Messerspitze Salz in den Milchreis schmeckt volle Pulle besser«, sagte der kleine Tiger noch.

Als sie den Milchreis verspeist hatten, machten
sie ein Nickerchen, denn Milchreis macht faul.
Aber dann sagte der kleine Tiger:
»Kommt doch mit zu uns nach Haus! Der Bär
kocht heute eine Überraschungsspeise.«

Sie fuhren los, vorneweg der kleine Tiger, und auf den Feldern wurde gearbeitet.

Der kleine Bär hatte zur Überraschung Spring-
forellen in Mandelkernsoße gebraten.

Die Forellen mit ein wenig gehacktem Knoblauch,
Petersilie und Mandeln innen füllen. Außen salzen.
In der Pfanne mit Butter anbraten, umdrehen
und unterm Deckel nochmal fünf Minuten braten.
Dazu Kartoffeln, mit Petersilie bestreuen.

»Ich esse keine Forellen mehr«, rief der kleine
Tiger, »denn wir schwammen zusammen im Fluss,
als sie noch lebten. Wir waren fast Freunde.
Ich aber verspeise keine Freunde, welche einmal
lebten wie ich und du.«
»Oh«, rief der Hase, dann bissu ja ein Vegetarier,
das bin ich zufällig aber auch. Ein Vegetarier
is, wenn jemand keine anderen Tiere verspeist.«
»Bin *ich* zufällig aber *nicht*, Freunde«, rief der
Igel und schnappte sich die Pfanne mit allen ge-
bratenen Forellen. »Denn ich zum Beispiel esse

sogar lebendige Würmer. Das ist so meine
Natur.« Rannte mit der Pfanne und den Forellen
hinters Haus und aß so lange, bis es ihm
schlecht war. Lag dann dort auf seinem wehen
Bauch. Zu viel gegessen. Ist nicht gesund.

Darauf ging der kleine Bär in den Garten und zog drei Mohrrüben aus der Erde.

Die Mohrrüben waschen und längs auseinander schneiden. Etwas Salz, gestoßene Pfefferkörner, Mandelscheibchen und gehackten Knoblauch auf die Mohrrüben und dann in Butter in einer Pfanne braten, bis sie weich sind. Das dauert etwas länger (Deckel drauf, dann geht es schneller). Petersilie drüber-streuen, und schon sehen sie fast aus wie Forellen.

»Und diese heißen«, sagte der kleine Bär, »Gartenforellen für Vegetarier.«
»Die schmecken aber voll gut«, mümmelte der Hase. »Muss ich mir für den Igel aufschreiben, die muss er so braten. Leibspeise. Ich kann nämlich schreiben, jedoch nicht lesen. Der Igel aber kann lesen, aber nicht schreiben. Ist komisch, oder?«

Und dann gab es als Nachspeise noch:

Mohrrüben und Äpfel zusammen gerieben.
Man kann ein paar Rosinen und Mandeln und auch
Zitronen- oder Orangensaft hineinpressen.
Und Honig. Honig ist gesünder als Zucker.

Nach dem Essen legte sich der Hase neben den
Igel hinters Haus. Hatte auch zu viel gegessen.
Dort schliefen sie, bis es dunkel wurde,
dann fuhren sie mit dem Tandem wieder heim.

Am nächsten Morgen machte der kleine Bär
heiße Bananen auf karibisch:

Die Bananen der Länge nach durchschneiden und
mit Honig bestreichen. Mit drei gestoßenen Pfefferkörnern bestreuen, denn drei ist eine gute Zahl
für Pfeffer. Und dann noch gehackte Mandeln oder
Nüsse drüber. In Butter braten, bis die Bananen
braun sind. Mit ein wenig Zimt bepulvern.

Fertig. Mit Mohrrüben und mehr Geduld kann
man es ähnlich machen, die bleiben aber
länger hart, wenn sie nicht lange genug braten.
Gegen zehn Uhr kam die Tante Gans vorbei
und rief zum Fenster herein:
»Habt ihr Lust auf eine wilde Speise, Jungs?«
»Was gibt es denn?«, wollte der kleine Tiger
wissen.
»Spagetti diavolo«, sagte die Tante Gans.
»Und Salat italienisch. Zwölf Uhr bei mir zu
Haus!«
»Diavolo ist, wenn etwas teuflisch
scharf schmeckt«, erklärte der kleine Bär.
»Weil, diavolo heißt Teufel.«

Um elf gingen sie los und trafen den kleinen
Elefanten Seifried mit dem Bügelbrett.

»Wohin des Wegs, Freunde?«, fragte der kleine
Elefant Seifried mit dem Bügelbrett.
»Zu Tante Gans, da gibt es Spagetti diavolo.«
»Ooooh, diaaaavolo! Ess ich für mein Leben gern.
Wenn ihr mich mitnehmt, trag ich euch.«
Und er lud sie auf sein Bügelbrett und trabte los.
Unterwegs trafen sie Frau Fangdenpott.
»Wo geht ihr denn hin, Leute?«, rief sie.
»Bei der Tante Gans gibt es Spagetti diavolo!«,
rief Seifried mit dem Bügelbrett.
»Ach, da komm ich doch mit, die esse ich für
mein Leben gern«, rief Frau Fangdenpott.
»Geht nicht«, rief der kleine Bär, »Tante Gans hat
nur drei Gabeln.«
»Macht nix«, sagte Frau Fangdenpott, »ich habe
ein Reisebesteck bei mir.« Und wollte auch
auf das Bügelbrett steigen und sich tragen lassen.
Ging aber nicht, sie war zu schwer, wog
hundert Kilo und rutschte ab. Hundert Kilo ist
keine gute Zahl zum Tragen.

Dann begegnete ihnen das kleine Schwein.
»Wo geht denn ihr hin?«, rief es.
»Bei der Tante Gans gibt es Spagetti diavolo«,
rief Frau Fangdenpott.
»Oh«, rief das kleine Schwein, »da muss ich
unbedingt mit.« Doch der kleine Bär sagte, das
ginge nicht, Tante Gans habe nur drei Gabeln.
Und nur vier Teller.
»Macht nix«, rief das kleine Schwein. »Ich esse
sowieso mit den Pfoten und immer aus dem
Eimer. Und den trage ich hier bei mir.« Und es
rannte ihnen hinterher.

Die Tante Gans hatte die Spagettisoße so zubereitet:

Ein bis zwei oder mehr große Zwiebeln werden klein geschnitten und in Olivenöl glasig geschmort (sie dürfen nicht braun werden). Mindestens fünfhundert Gramm weiche Tomaten, geschält oder nicht geschält, werden in die Zwiebeln gegeben und mit sehr viel gepresstem Knoblauch, mindestens einer Hand voll Basilikum oder notfalls Majoran und mit ein bis zwei kleinen roten Pfefferschoten so lange geschmort, bis die Soße bräunlich ist (mindestens eine halbe Stunde, eher länger). Dazu gehört unbedingt ein Bouillonwüfel, auch Bouillonpulver geht, die Menge ist auszuprobieren. Man braucht einen Würfel für zwei Portionen. Man könnte auch Tomaten aus der Dose nehmen, was aber nicht so gut schmeckt.

Nachspeise

Salat italienisch. Grüne Salatblätter und rote Tomatenviertel und gelbe Paprikastreifen und weiße Zwiebelringe in der Schüssel mischen. Ein wenig Zitronensaft, eine halbe gepresste Knoblauchzehe und etwas Salz darüber. Und Olivenöl zum Schluss. Nicht das Öl vor der Zitrone dazutun, weil sonst die Zitrone am Öl abrutscht.

»Oh, so viele Gäste!«, rief die Tante Gans
und kochte gleich fünf Kilo Spagetti, denn fünf
ist eine gute Zahl für viele Gäste.
Mein Gott, wie haben die alle geschmatzt!
Das kleine Schwein schmierte sich mit der
Soße voll wie ein Ferkel, und an der Gardine und
auf der Lampe hingen Spagetti. Der kleine
Elefant verspeiste allein drei Kilo, denn
drei ist eine gute Zahl für Elefanten, und auch
die anderen wurden noch genügend satt.

»Heute arbeite *ich* einmal«, sagte der kleine Tiger am nächsten Tag und holte aus dem Wald einen Korb voller Pilze.

»Die werden so gemacht«, sagte der kleine Bär, als er sie geputzt hatte:

Große Pilze werden in dicke Scheiben geschnitten, mit ein bisschen Salz und Pfeffer bestreut und in Butter gebraten. Für kleine Pilze werden erst Zwiebelwürfelchen in viel Butter gelb geschmort – aber keines darf braun werden, ja? Dann gibt man die Pilzchen hinein und dazu gepressten Knoblauch, ein wenig Bouillonpulver und etwas Salz, und lässt sie weich schmoren. Zum Schluss immer frische gehackte Petersilie darüber.

»Wow!«, rief der kleine Tiger, »schmeckt doch immer wieder gut, oder was sagst du?«
Der kleine Bär nickte, und der kleine Tiger sagte:
»Morgen brauche ich eine starke Kraftnahrung, denn ich werde eine große Runde durch die weite Welt drehen und das heiß geliebte Leben betrachten.«
»Kraftspeise ist Köhlernahrung. Pellkartoffeln mit Salz und Butter«, sagte der kleine Bär.

»Aber als Nachspeise brauche ich Apfelmus«,
sagte der kleine Tiger.
»Wegen Liebeskummer?«, fragte der
kleine Bär.
»So gut wie sicher«, nickte
der kleine Tiger, »und mit Zimtnelke
und einer Zitronenscheibe.«
Und so haben sie es dann gemacht.

ISBN 3 8094 1371 2

© 2002 by Bassermann Verlag, einem Unternehmen der Verlagsgruppe Random House GmbH, 81673 München

© der Originalausgabe by Mosaik Verlag, München

Umschlaggestaltung: Martina Eisele, unter Verwendung von Janosch-Illustrationen
Layout und Satz: Rita Gerstenbrand
Redaktion dieser Ausgabe: Stefanie Rödiger
Herstellung dieser Ausgabe: Ortrud Müller, JUNG MEDIENPARTNER GMBH, Niedernhausen

Reproduktion: Artilitho, Trento
Druck: Alcione, Trento
Printed in Italy
817 2635 4453 6271